AF140419

FSC
www.fsc.org

MIX

Papier aus ver-
antwortungsvollen
Quellen
Paper from
responsible sources

FSC® C105338

Originalausgabe

© by Mathias Bellmann. Das Werk einschließlich aller Inhalte ist urheberrechtlich
geschützt. Alle Rechte vorbehalten.

Herstellung und Verlag: BoD – Books on Demand, Norderstedt
ISBN: 9783738625004

THORS

Donnergedichte

Vorwort: Thor ist der größte Held des Nordlandes. Er ist der mutigste Gott. Viele Männer nehmen ihn sich zum Vorbild und viele Frauen himmeln ihn seit Jahrhunderten an. Höre auch du genauer hin, wenn der Donner laut den Himmel erzittern lässt und die Blitze die Wolken zerreißen! Thor sendet seine Zeichen und sie erscheinen überall in der Welt. Auch in diesen Gedichten kannst du die Macht Thors finden. Begreife: Thor sendet seine Zeichen, weil er an dich glaubt: an deinen Mut, an deinen Tatendrang, an deine Stärke, Kraft und an deine Furchtlosigkeit!

Er kämpft für dich!

Wenn der Donner grollt,
Dann wisse, Thor hat es so gewollt!

Wenn die Blitze zucken
Gibt dir Thor Rücken
Und beschützt dich
Vor jedem Riesen und bösen Wicht.

Wenn der Himmel weint,
Dann wisse, Thor wird bei dir sein!

Wenn das Gewitter peitscht,
Dann ist Thor nicht weit.
Er kämpft gegen die Kräfte
Und viele böse Mächte,
Die unsere Erde bedrohen
Und gegen die falsche Legion.

Thor hämmert und kämpft
Für jedes Erdenkind.

Widerstand!

Der Donnerer tobt
Und die Erde bebt.
Der Hammer fliegt
Und die Legende beginnt.

Ein wilder Kampf
Zog sich lang.
In den Raketen
Der Menschenkinder
Steckt der alte Glaube
An den Sieg des ganzes Volks.

Der Feind kam ohne Gnade.
Er sandte Bomben und Granaten.
Er sandte Söldner und Agenten.
Zu groß. Zu viele
Und doch steck in uns viel
Von Thors Mut und seiner
Grenzenlosen Wut gegen
Alle Ungerechtigkeit!

Denn der Donnerer tobt,
Wenn falsche Ideologien
Sein Nordvolk bedrohen!

Migards Beschützer

Wumm!
Und der Riese war stumm!

Mit eisernem Handschuh
Hieb er den Hammer
Gegen die Feinde Midgards.

Bäng!
Und die Schenke
War leer gesoffen!

Mit grenzenlosen Magen
Feiern die Nordischen
Thors Heldentaten.

Kawumm!
Und der Riese fiel um!

Thors Mut trotzt
Jedem Riesenheer,
Denn er ist mehr
Als alle Midgardfeinde.

Taraa.
Die Party ist da
Und feiert Thors Sieg!

Loki und Thor

Der Blitz macht boom
Und spaltet die Luft.
Heiß, feuriger Duft
Steigt auf.

Er reißt die Augen auf.
Das grelle Zucken am Himmelszelt
Erschüttert seine Welt.

Menschen aus alter Zeit
Wahren immer kampfbereit,
Außer der Donnergott tobte.

Wieder zucken die Blitze
Und grölen die Donner.
Wieder macht Loki Witze
Am Ende des Sommers
Und schickt Hagel und
Blutigen Regen.

Boom.
Macht der Hagelsturm.
Kawumm.
Macht der Donner.
Zack.
Strahlt der Blitz
Und zerstört Lokis Witz.

Thors Söhne

Er taumelt
Und fällt
Als Held.

Ihm gilt
Thors Vorbild
Im Krieg und
Frieden.

Sein Lohn
Der Sohn.
Sein Schatz
Die Tochter.

Dienst
Für die Familie.
Leben fürs
Volk.

Thors Ehre
Ist sein Weg.
Seine Härte
Ist Thors Stärke.

Für den Norden
Und die ganze Welt:
Ein Leben als Held.

Gestählt für Thor

Mit jedem Schlag
Spüre ich mehr
Von Thors Kraft.

Mit jedem Trainingstag
Wächst Thors Macht
In mir.

Geschunden und
Mir das Letzte abgerungen,
Um in den finalen Stunden
Mit Thor zu sein.

Mit Thors Macht
Bleib ich stark und
Warte auf den letzten Tag.

Wir werden den Riesen trotzen
Und dem Tross Ragnaröks
Alles entgegensetzen,
Was wir sind!

Bei Thor:
Wir werden siegen!

Retter in der Not

Der Norden ächzt vor Kriegs- und Wirtschaftslast. Wir brauchen einen Gott mit der Kraft, uns zurück ins Licht zu führen. Thor, der Donnerer, hat die Macht in jedem Herzen des Nordens seinen Hammer beben zu lassen und uns die Kraft zurückzugeben, nach dem Höchsten zu streben.

Die Familien des Nordens zerfallen. Zank, Streit, Alkohol und Einsamkeit zerreißen jahrtausendealte Bänder. Wir brauchen einen Gott, der das Band der Familie wieder schmiedet. Thors Hammer hat die Macht, das Eisen der Treue wieder neu zu schmieden und es vor jedem Unheil zu versiegeln.

Krankheit schlägt eine tiefe Bresche ins Land. Corona und Krebs fressen die Menschen. Wir brauchen einen Gott, der unsere Körper stark und widerstandsfähig macht. Thor ist der Gott mit der Macht, uns zu stählen. Thor hat die Macht, unsere magischen Seelen über das Elend der Krankheit zu erheben.

Thor!

Wenn sein Hammer schlägt,
Der Feind erbebt.

Seine eisernen Handschuhe
Bringen die Riesen zur Ruhe.

Seine grenzenlose Macht
Beschützt unser Nordland.

Wo er erscheint,
Kein Menschenkind mehr weint.

Wen er beschützt,
Der niemals mehr ist bedrückt.

Er ist der Held des Nordens
Und führt unsere Horden.

Er ist das Zukunftslicht
Das ins Weltenmeer sticht.

Er ist der Gott,
Auf den wir gehofft.

Urig

Ein Land im Sturm.
Blitze toben.
Der Donner grölt.
Hagelpeitschen weiden.

Göttliche Urgewalten.

Als die Berge jung
Und die ersten Wälder grünten,
Riesen spielten
Mit rasendem Zorn.

Als die Dächer blühten
Und Menschen glühten,
Erwachte Thor
Als Schutzgott.

Wieder peitscht der Regen
Auf Metall und Blech,
Wie einst auf Schuppen
Und wildes, unberührtes Land.

Trommeldonner

"Schlag den Hammer";
Rief er,
"Erwecke das Nordland
Aus seinem Winterschlaf!"

"Denn er ist da
-Ha! Ha!-
Der goldene Sonnenaufgang
Ist da!"

"Schlagt die Trommeln",
Schrie es aus tausend Kehlen.
Die Stadt erbebte.
Das Donnern der Trommeln
Machte alle wach.

"Ha! Ha! Es ist da
Und es ist wahr.
Der goldene Sonnenaufgang
Des Heidenvolks ist da!"

Tausend Trommeln hieben
Und schrien aus tausend Kehlen:
"Wir sind zurück! Zurück! Zurück!"

Eisriesenzeit

Eisriesen halten das Land gefangen.
Der Frost kriecht in alle Ritzen.
Alles Leben ist eingegangen
Oder träumt von rettender Hitze.

Das Eis kriecht in die Straßen
Und bedeckt die Häuser Midgards.
Die Kälte nährt das Hassen
Und macht das Leben hart.

Wer bricht die Macht der Riesen
Und gibt uns die Wärme zurück?
Wer lässt die Blumen sprießen
Und zaubert unser Glück?

Thors Hammer ertönt
Und lasst die Riesen zittern.
Sie haben uns verhöhnt,
Aber er sperrt sie hinter Gittern.

Die Eisriesen kämpfen stolz,
Doch haben gegen Thor keine Chance.
Sie müssen ihm Tribut zollen
Und Midgard verlassen.

Die letzte Hoffnung

Dunkles Land.
Totenschädel hängen
Über abgefallenen
Skeletten.

Der Wind
Verkündet Rauch.
Das Land
Ist schwarz verbrannt.

Der Mond brennt
Höllisch hell.
Die Sonne scheint
Nimmermehr.

Die Berge
Der Leichen reichen
Bis in den Himmel
Und die Welt schreit
Nach einem Helden,
Um sie zu retten:
Thor!

Unzufrieden

Es grollt der Donner
Und die Welt erbebt,
Denn Thor zürnt
Über die Welt,
Die wir geschaffen.

Zu viel unnötiges Leid
Macht sich überall breit:
Menschen vereinsamen,
Familien hungern und
Kranke siechen hilflos
Vor sich hin.

Er vertreibt die Riesen.
Er vertreibt die bösen Zauberer.
Er schützt Midgard,
Damit sie sicher leben.
Doch er verzweifelt an uns.
Er verzweifelt an unserer Unfähigkeit
Unsere Heimat schön zu machen.

Blitze zucken und
Donner hämmern,
Denn der Donnergott
Ist erzürnt.
Er erwartet
Mehr von uns!

Thors wahre Kinder

Das Nordland ächzt, denn es fehlen Helden.
Falsche Vorbilder machten die Männer schwach
und die Frauen eingebildet.

Doch seht Nordlandkinder, wie der Donner
grölt und die Blitze zucken. Seht darin die
Zeichen Thors. Seht darin euer Idol.

Thor ist der Held, der sein Leben geben würde
für jeden von euch. Thor zog tausende Mal aus,
um Midgard zu schützen. Thor wird sich
Jörmungandr stellen, koste es selbst sein Leben.

Seid beseelt mit seinem Mut! Folgt den
thorschen Tugenden. Folgt des Hammers Ruf.
Erweckt in euren Herzen die Glut, um zu
Helden und Heldinnen des Nordens zu
werden: Zeigt der Welt, wer ihr wirklich seid!

Thor triumphiert

Wumm.
Der Hammer dröhnt
Und der Himmel brummt.

Bumm.
Ein weiterer Riese
Fällt um.

Bam.
Sie sind in die Flucht
Geschlagen.

Töm. Töm.
Die Donner folgen
Den Hammerschlägen.

Zisch.
Am Himmel zuckt
Ein Blitz.

Ha. Ha.
Thor lacht
Und triumphiert.

Schutzgott

Fern grölt der Hammer,
Aber die Menschen wissen,
Um seine Macht.

Nah schlägt der Donner
Und die Menschen beten
Um seinen Schutz.

Thor
Der Donnerer.
Thor
Der Beschützer.
Thor
Der Freund Midgards.

Hier auf Erden
Werden
Wir seiner gewahr.
Hier unter uns
Macht sich die Botschaft kund,
Dass Thor unser Schutzgott ist.

Thor
Mit eisernem Handschuh.
Thor
Mit Blitz und Donner.
Thor
Mit seinem Hammer Mjölnir.

Asgards Hammer

Odin sendet Träume.
Freya wallt Herzen.
Thor entfacht den Mut.

Asgard steckt
In jedem Augenblick.
Asgard ist der Schirm,
Der Midgard schützt.

Diese Welt
Unendlich weit,
Milliarden Galaxien,
Ist nur ein Floh
Am Baume Yggdrasil.

Ohne den Schutz der Asen
Würde Midgard barsten
Und eisig vergehen
Im frostigen Weltensturm.

Ohne Thors magischen Hammer
Wäre groß der Menschen Gejammer
Wegen der Riesen und Schlangen,
Die uns alle würden fangen
Und zerquetschen und zermalmen.

Tugendhafte

Wieder bricht der Donner
Über der Welt herein,
Denn wieder ließet ihr
Das Tugendlose in euer Herz hinein.

Tugendlosigkeit
Bringt den Krieg,
Schafft Zwist
Und entzweit Familien.

Thor tobt.
Thor tobt nicht ohne Grund!

Der Donnerer lässt
Den Himmel krachen.
Der Blitzer lässt
Die Blitze zucken.

Denn er erinnert euch.
Er weist euch an.
Er belehrt euch
Über den Tugendpfad.

Wählt die Tugenden
Aus Mut, Wahrheit
Und Hilfsbereitschaft
Und ihr findet Glück.
Das ist Thors Wort.
Das ist Thors Gesetz!

Thors Erben

Ohnmacht
Zieht übers Nordland.
Sorgen
Ereilen die Menschen
Im Norden.

Doch da kommt
Der Hammer und
Lässt die Blitze zucken
Und die Donner donnern.

Er!
Ja er,
Der Herr Thor
Sendet seine Zeichen:
Menschen glaubt an euch,
Ruft er,
Glaubt an die Stärke,
Die die Asen
In eure Blutbahnen
Gelegt haben.
Ihr könnt jede Prüfung
Siegreich bestehen.
Glaubt nur endlich
An euch!

Der Held Midgards

Diese Welt ist kalt.
Gibt es einen Held,
Um uns zu retten?

Mit rotblondem Haar
Und gestählter Brust,
Bietet er uns Schutz.

Mit eisernem Handschuh
Und magischem Hammer
Tut er uns gut.

Thor ist sein Name.
Der Donner sein Zeichen.
Der Hammer sein Symbol.

Thor ist sein Name.
Er ist Midgards Beschützer
Und unser liebster Gott.

Lebe deinen Traum!

Deine Träume platzen,
Pfeifen die Spatzen
Und lästern die Schwestern.

Doch du gibst nicht auf.
Du gibst niemals auf!
Sieh hoch zu den Göttern.
Sieh die Götter
Und folge ihrem Ideal.

Erhebe dich
Und strebe.
Warte nicht
Lange und gehe
Deinem Schicksal
Mit wehenden Fahnen
Entgegen!

Thor der Gott
Ist ein Held.
Sei er dir Symbol.
Sei er Symbol
Für die ganze Welt!

Neujahr

Die Nacht des neuen Jahres.
Menschen donnern
Im Namen Thors.

Die letzte Nacht des alten Jahres.
Menschen feiern
Im Namen Thors.

Die ersten Stunden des neuen Jahres.
Menschen schwören
Im Namen Thors.

Das Alte geht.
Das Neue kommt.
Die Rune weisen
Und prophezeien.

Was ist war.
Was noch scheint,
Wird geschehen.

Mögen die Götter
Euch auf allen Wegen
Beschützen!

Thortugenden

Treue, Würde
Und Ehre
Sind Zeichen
Der Thor Heere.

Mut, Tatendrang
Und Kraft
Wird von Thors
Jüngern vollbracht.

Anstand, Verstand
Und Geduld
Steht den Thor
Anhängern gut.

Mit dem Schweiß des Fleißes
Und eiserner Disziplin
Werden Thors
Kinder siegen.

Respekt, Ehrlichkeit
Und Weisheit
Bringen Thors
Volk so weit
Bis ins Himmelsreich.

Reinigender Zorn

Tränen
Der Sonne.

Blutrote
Flüsse.

Weinender
Planet.

Sterbende
Menschenherde.

Einige beten
Zu ihm.

Erwachender
Hammer.

Epische
Urgewalt.

Thors
Wille.

Thors Vorbild

In der Ohnmacht
Der letzten Nacht
Hat mein Herz
Einen Schwur
Hervorgebracht.

An Thors Gaben
Will ich mich laben
Und in den Jahren
Mit Odins Raben
Gutes tun!

Denn Thors Vorbild
Sei mir das Schild,
Welches mich drillt,
Wodurch mein Mut
Und Tatendrang anschwillt.

Denn er, der Donnerherr
Ist es wert,
In seinem Namen sehr
Viel mehr zu geben
Als nur mein Leben.

Denn Thor ist
Mein Vorbild.
Thor ist mein Idol.
Er ist der Held Midgards
Und der Beschützer
Aller Erdenkinder!

Odins Söhne

Odinsohn
Bringt dir den Lohn
Der Tugendhaftigkeit.

Odinsohn
Ist gewohnt
Zu siegen
In jedem Streit.

Odinsohn wohnt
In deinem Herzen
Und übersteht
Alle Schmerzen.

Odinsohn weilt
In deinem Geist
Und macht dich
Kampfbereit.

Odinsohn ergreift
Dein ganzes Sein
Und führt dich
In eine bessere Zeit!

Neuanfang

Dunkle Not.
Schwarzer Tod.
Hoffnungslos.

Dunkle Tage.
Schwere Jahre.
Sie nahmen
Alles.

Kein Held
Der Welt,
Auch kein Geld
Kann ungeschehen
Machen, was geschah.

Doch es
Muss weitergehen.
Doch es
Muss neu entstehen.

So sendet Thor
Kraft.
So nutzt Thor
Seine Macht.

Er belehrt uns,
Belebt uns neu.
Damit wir nach
Der dunklen Stund
Wieder einen Grund
Zum Kämpfen finden.

Allgegenwärtige Zeichen

Kenaz die Liebe.
Thurisaz starke Triebe.

Odals Ehre
Und Ingwaz Gewebe.

In Sigs Macht
Und Tiwaz Kraft.

Ehwez rennt,
Während Hagal flennt.

Isa inhaliert
Und Nauthiz meditiert.

Eiwaz weist,
Was Jera ergreift.

Raido reist
Und Gebo verleiht.

Pertho weiht,
Weil Dagaz befreit.

Fehu nützt,
Während Algiz beschützt.

Idol und Symbol

Der Hammer das Symbol
Und Thor unser Idol.

Thors Macht
Wächst durch
Des Hammers Kraft.

Thors Mut
Tut uns
Nördlichen gut.

Der Hammer schafft
Das starke Land.

Wir brauchen
Unseren Held
Für eine
Wehrfähige Welt.

Wir brauchen
Unser Idol
Und wir brauchen
Ein Symbol,
Um den Glauben
Niemals aufzugeben
Und um zu vertrauen,
Dass wir siegreich
Weiterleben.

Freiheitskampf

Dort wo der Atem vor Angst stoppt,
Wartet das Heldentum.

Lebe und
Gebe der Welt
Den Held
In dir.

Egal ob Mann,
Egal ob Frau,
Ganz egal wer oder was
Hat in sich die Kraft,
Wie Thor zu sein
Und die Welt
Von jeder Diktatur
Zu befreien!

Thors Liebe

Die Mutter
Einsam und verlassen,
Hat nur noch ihr Kind.

Die Mutter
Sieht zum Himmel
Und zuckt bei den Blitzen.

Neben der Mutter
Schlägt ein Blitz ein
Und der Donner grollt.

Die Mutter
Ist allein, doch begreift
Der Blitz war ein Zeichen.

Die Mutter
Beginnt zu lachen,
Denn sie spürt den Gott.

Die Mutter
Sammelt neue Kräfte
Genährt von göttlicher Kraft.

Die Mutter
Begreift endlich,
Dass Thor immer bei ihr ist.

Himmelsstürmer

Im Sturm kämpft er sich durch das wilde Tosen des Windes. Der Regen peitscht auf sein Haupt und ihm ist kalt. Es ist der Übergang vom Herbst zum Winter. Die Berge in der Ferne bemalen den Horizont. Dunkle Wolkenhügel hängen kopfüber und erdrücken fast die Welt. Er spürt die Peitschenhiebe des Regens auf seiner Haut. Der alte Feldweg hat seine feste Konsistenz verloren. Der Schlamm klammert sich an seine Stiefel und versucht ihn fest zu kleben.

Jeder Schritt wird schwerer. Von unten greift der Matsch nach ihm. Von oben überschüttet ihn der Ozean aus Regentropfen und von vorne peitscht der Wind wild in sein Gesicht. Jeder Schritt raubt mehr von seiner Kraft.

Jetzt kämpft er sich den kleinen Hügel hoch. Wenn er oben ist, dann wird er seinem Hof endlich in der Ferne sehen können. Oben steht eine alte Esche. Endlich sieht er sie, wie sie sich wiegt im stürmischen Wind. Er erreicht den Gipfel der kleinen Erhebung und blickt übers Land. Plötzlich spürt er die Energie. Sie wächst mit Macht in seiner Brust. Entfesselt reißt er sich die Mütze vom Kopf, sieht in den aufgewühlten Himmel und schreit mit animalischer Kraft: "Thor!"

Heldentum

Wenn Thor kämpft,
Dann wird das Riesenland
Brennen.

Wenn Thor wütet,
Dann wird Midgard
Behütet.

Wenn Thor streitet,
Dann wird er die Gefahr
Vereiteln.

Wenn Thor beginnt,
Dann wird jeder Mensch
Gewinnen.

Wenn Thor lacht,
Dann hat er den Sieg
Vollbracht.

Thors Sieg

Lebt
Und strebt
In Thors Namen.

Ergreift
Und weist
Zur Größe.

Findet
Und sät
Die Saat des Nordens.

Vergebt
Und besteht
Die Schicksalsprüfungen.

Ruft
Und schuftet
Für eure Familien.

In Thors Namen
Werdet ihr alle Härten
Tapfer ertragen.

Weltuntergang

Die Erde bebt.
Die Wälder brennen
Und Stürme ziehen
Übers Land.

Dort im Norden tobt
Ein krasser Schneesturm.
Dort im Süden
Grassiert die Dürre.

Riesen, Monster
Und Zauberer
Wirken Unheil
Über Mutter Erde.

Der gierige Mensch und
Die fiese Industrie
Geben den Rest
Zur Katastrophe dazu.

Das Ende ist nah.
Die Katastrophe ist da.
Wo ist der Held,
Um uns zu retten?
Wo ist Thor?

Er tobt und wütet

Thors
Zorn
Erbebt.

Thor
Seinen Hammer
Erhebt.

Der Gott
Des Nordens
Tobt.

Der Gott
Des Nordens
Wütet.
Er
Wütet
Gegen
Die Feinde
Des Nordens.

Er tobt
Über die
Blindheit
Der Nördlichen.

Sie
Sind faul
Und feige.

Doch Thor
Erweckt
Ihren Mut und
Ihre Weisheit.
Siegt
Im Namen Thors!

Du wirst gebraucht!

Dieses Land braucht dich!

Die Alten brauchen dich.
Die Jungen brauchen dich.
Die Bäume brauchen dich.
Die Eltern brauchen dich,
Genau wie die Schweine und Kühe.

Thor ruft nach dir!

Thor ruft deinen Namen:
Er fordert dich auf,
Deine Kräfte zu wecken.
Er fordert dich auf,
Stark und mutig zu sein.

Das ganze Land braucht dich
Und Thor fordert dich auf,
Deine Pflicht zu erfüllen!

Traumbaum

Träume wieder
Den Heldentraum.

Trau dich wieder,
Die Heldin zu sein.

Träumt Kinder des Nordens
Frei von Sorgen
Von den höchsten Gipfeln.

Der Donnerer,
Der Thor,
Der Hammerschwinger
Und Riesenbezwinger
Wird mich euch gehen.

Er fühlt euer Streben
Und bittet die Nornen,
Euer Schicksal zu weben.

Vertraut.
Vertraut ihm.
Vertraut ihnen.
Vertraut eurem Schicksal!

Thors Hammer

Den Hammer im Herzen
Stürmen wir voran.
Mit Thor trotzen
Wir allen Schmerzen
Und bauen das Nordland neu auf.

Der Hammer ist unser Symbol.
Er baut auf und beschützt.
Thor ist unser Idol.
Er zieht gegen jeden Feind
Und gibt niemals auf.

Der Hammer lässt uns hoffen
Auf den goldenen Sonnenaufgang.
Thor macht uns besoffen
Mit all den Wundern,
Die er bringt.

Der Hammer ist und wird sein
Bis ans Ende der Welt.
Thor führt uns heim
Ins Land ohne Sorgen.

Des Hammers Macht

Mit seinem Hammer
Bringt er dein Herz
Zum Schwingen.

Mit seinem Hammer
Lässt er deinen Mut
Erbeben.

Mit seinem Hammer
Weckt er die Kraft
In dir.

Mit seinem Hammer
Treibt er die Glut
In deinen Kopf.

Mit seinem Hammer
Ruft er laut
Deinen Namen.

Mit seinem Hammer
Weckt er die Erde
Und alle Helden und
Heldinnen!

Weckruf

Der Norden, der über tausend Jahre unter der gekreuzten Pest litt und dabei fast zu Grunde ging, erhebt seinen Blick. Er blickt zum Himmel, wenn der Donner grollt und die Blitze zucken. Er weiß, es sind Zeichen aus einer anderen Welt. Er weiß, es sind Tore aus einer anderen Welt.

Die Welt ist mehr als das bloße Auge sieht. Der Hammer Mjölnir ist mehr als ein materielles Hirngespinst. Er ist eine Macht, die weit weiter reicht als die Steine, Sterne und Wolkenkratzer dieser Welt. Er ist eine reine Macht, die sich in ein Bild eingebracht.

Jahrhunderte gekreuzter Ohnmacht. Jahrhunderte unterm gekreuzten Joch. Verschenkt die neue Chance nicht, warnt der Donnerer: Einst verließen wir euch, weil ihr hochnäsig und arrogant wurdet. Verspielt die neue Gunst der Götter nicht erneut, durch Kaltherzigkeit und mangelndes Mitgefühl. Abgewandt vor mehr als tausend Jahren hat sich Asgard vom Norden, denn die Gier und der blutrünstige Hass hatte sie erschreckt. Völker des Nordens bewährt euch diesmal und verspielt nicht die Gunst der Stunde, die euch Göttinnen und Götter spenden!

Unser Gott

Der Gott
Ist über uns
Und der Gott
Ist mit uns

Der Gott
Beschützt uns
Und der Gott
Erhört uns

Des Gottes
Hammer donnert
Sein Hammer
Erweckt uns

Des Gottes
Wunder erscheinen
Seine Taten
Retten uns

Der Gott
Führt uns
Der Gott
Findet uns
Und gibt uns
Niemals auf

Retter in der Not!

Tränen träumen.
Wer rettet?

Thor bäumt sich auf
Und erhört.

Sorgen fressen.
Wer rettet?

Thor hechtet
Und hilft.

Abgründe greinen
Und funkeln dunkel.

Thor erscheint
Und sein Hammer
Funkelt.

Monster drohen
Und rauben.

Thor dem Hohen
Gilt es zu glauben!

Nahe Ferne

Fern
Und nah
Da
Und wahr

Thors
Ferner Hort
Ist in dir
Drin

Thors
Wilde Stärke
Lebt wild
Und frei in dir

Hier
Und da
Allein
Und zusammen

Du kämpfst
Allein
Doch Thor wird
Immer bei dir sein!

Träumer

Nachts
Lange wach
Den Gott
In meinen Träumen
Gesucht

Tagsüber
Wie schlafen
Und den Gott
Erträumen

Geschichten
Herbei dichten
Über den Gott
Und seine Abenteuer

Wünschend
Vor sich hindünkeln
Thors Gefährte
Zu sein

Tagträumen
Und nachts auf Traumbäumen
Neben dem Gott
Durchs Riesenland marschieren

Dann erwachen
Und endlich anpacken
Damit der innere Held
Geboren wird

Träume mutig!

Greif nach den Sternen!
Gib deinen Erben
Den Mut mit,
Alles zu geben.

Thor wurde ein Held,
Denn er rettete die ganze Welt.
Es war sein Mut,
Der ihn zum Größten trieb.

Du kannst es schaffen
Und es wahr machen.
Thor zögerte nie
Und deshalb konnte er siegen!

Du bist auserkoren,
Dir alles zu holen,
Wovon du wirklich träumst.
Versäume nicht die Chance,
Die der Himmel dir schenkt.

Thors Mut treibt ihn an
Und macht ihn zum idealen Mann.
Auch dein Mut gibt dir die Macht,
All deine Träume wahr zu machen.

Thor ruft!

Thor ruft
Und ich höre.
Hörst du
Ihn auch?

Er ruft die mutigen
Männer und Frauen
Der Erde.
Er ruft die
Helden und Heldinnen
Aus dem Menschenreich.

Pass auf
Und lausche!
Halte inne
Und höre ganz
Genau hin!

In den Bäumen, Bergen,
Tälern und Großstädten
Erschallt sein Ruf:
Erhöre ihn!

Panzer und Schild

Zorn und Wut
Nutzt Thor
Im Kopf.

Doch er ist
Niemals
Zorn und Wut.

Thor ist Liebe
Für alle Menschen.
Thor ist Liebe
Für ganz Midgard.

Zorn und Wut
Sind sein Panzer.
Zorn und Wut
Sind sein Schild.

Doch wenn er
Bei Sif liegt,
Dann offenbart sich
Sein wahres Wesen.

Thors Schutz

Erhebe dich
In Thors Namen,
Aber als Schützer
Midgards.

Schütze die Menschen!
Schütze die Tiere!
Schütze die Bäume
Und die ganze Erde.

Erhebe dich
In Thors Namen,
Aber als Beschützerin
Midgards

Schütze alle vor Diskriminierung!
Schütze alle vor Unterdrückung.
Schütze alle vor Ausbeutung
Und Gewalt.

Freie Frauen

Frauen aus alter Zeit
Trugen aus Trotz
Gegen die Christenheit
Den Hammer des Thor
Um ihren Hals.

Freie Frauen und nicht
Die Sklavinnen eines Gottessohns.
Freie Frauen und nicht
Die Sklavinnen einer Priesterschaft.
Freie Frauen und nicht
Die Sklavinnen des Papstes in Rom.
Freie Frauen und nicht
Die Sklavinnen des Ablasses.
Freie Frauen und nicht
Die Sklavinnen des Patriarchats.

Frauen aus alter Zeit
Trugen aus Trotz
Gegen die Christenheit
Den Hammer des Thor
Um ihren Hals!

Sein Schwur

Wenn er kämpft,
Kämpft er für dich.

Wenn er sich streitet,
Dann streitet er
Für dein Recht.

Wenn er sich erhebt,
Dann damit es dir
Besser geht.

Das ist Thor!
Das ist unser Gott.
Das ist der Riesenbezwinger.
Das ist der Hammerschwinger.

Denn der Hammer
Baut auf und
Der Hammer
Beschützt unser Volk.

Der Hammer ist
Thors Symbol,
Doch nicht der Hammer
Ist seine wahre Kraft.
Denn Thors
Wahre Kraft wurde
Aus seinem Schwur
Erschaffen,
Midgard zu schützen!

Mit Thor

Mit Thor
Im Herzen
Überwinden wir
Alle Schmerzen

Mit Thor
Auf den Lippen
Werden wir
Immer gewinnen.

Mit Thor
Im Geist
Besiegen wir
Jeden Feind.

Mit Thors
Wilden Blitzen
Lassen wir
Die Welt erzittern.

Und mit
Dem Glauben an Thor
Schießen wir
Bis zu den Sternen
Empor.

Ahnendonner

Regentropfen
Lassen den Donner
Erahnen.

Blutbahnen
Erinnern
An die Ahnen.

Sie hörten
Den Donner,
So wie wir
Den Donner hören.

Sie kämpften
Mit den Härten
Des Lebens,
So wie wir
Heute kämpfen.

Gab der Donner ihnen Mut
Oder gab er ihnen
Die spirituelle Macht?

Haben sie den Donner gefürchtet
Oder sind sie sogar
Vor ihm geflüchtet?

Spür die Kraft des Donners!
Fühl die Macht des Hammers.
Erglüh als Thors Sohn.
Entzünd das Ahnenfeuer.

Thors Tross

Träume werden wahr
In Thors Schar.

Helden werden geboren,
Weil sie in Thors
Namen schworen.

Heldinnen erwachen
Durch thorsche Taten.

Wahr ist,
Dass Thor gewinnt
Und die, die mit ihm
Sind.

Thors Gefolge
Feiert Erfolge
Und gewinnt den Krieg
Durch den Friedenssieg.

Thors Kinder
Finden immer
Den Weg zum Glück
Und sind geschmückt
Mit Ruhm und Ehre.

Eisenhammers Welt

Helden und
Heldinnen.
Götter und
Göttinnen.

Endlose Welt.
Endloses Spiel.
Magische Wesen.
Wahrheitsblick.

Im Himmel
Und auf Erden.
Beim Donnern
Und Blitzen.

Des Hammers
Meister:
Der Riesen
Bezwinger.

Gott
Des Gottes.
Beschützer
Midgards.

Zwei

Unsichtbares
Treiben.
Unübersehbare
Wunder.

Lokis
Streiche und
Thors
Abenteuer.

Zwei
in tausend
Abenteuern.

Zwei,
die den Norden
inspirierten.

Totengott

Der Tod.
Nackte Not
Im Spiegelbild.

Gott,
Der fern
Und nahe ist.
Donnergott
Hörst du mich?

Mein Tod!
Unausweichlich!?
Führst du mich
Ins Licht
Der andren Seit?

Führst du mich
Ins Land
Der Ahnen?

Gott des wilden Donners

Donnergott,
Welch Schafott
Wartet auf mich?
Welch Gericht
Richtet mich?
Tod

O Thor.
Tod
O Hel.
Tod
In Odinshall.
Tod
In Valhall.
Des Todes
Ewigkeiten

Thor beobachtet dich!

In dir
Hat er gesät.

An dich
Wird er glauben.

Mit dir
Wird er gehen

Und dir
Wird er beistehen!

Nein! Er kommt nicht und legt dir Windeln an.
Nein! Er kommt nicht und nimmt dich wie ein
Kleinkind an die Hand. In dich hat er göttliche
Kraft gesteckt. In dir hat er die Schicksalsmacht
erweckt. Stelle dich den Prüfungen. Wage dich
ins Abenteuer. Du bist stark genug. Du hast
den Mut. Wanke nicht. Hadere nicht. Sieh der
Gefahr ins Gesicht und trau dich zu wachsen.
Trau dich zu reifen. Trau dich, der Welt zu
beweisen, dass echte Größe in dir steckt.

Allmächtiger Donner

Du weißt,
Dass er dich ruft.
Du weißt,
Dass er immer
Bei dir ist!

Er ist
Dein Gott.
Er ist
Thor.
Er ist
Der Gott
Des Himmels.
Er ist
Der Herr
Des Hammers.

Er entzündet
Dein Herz.
Er führt dich
Weg vom Schmerz.
Er entfesselt
Deinen Mut.
Er macht
Alles gut.

Donnerherz

Bei jedem Donnerschlag
Erinner dich an Thors Macht
Und begreif, dass seine Kraft
In deinem Herzen reift.

Sieh zum Himmel hoch
Und vergiss die irdische Not.
Thors Kraft hat dein Herz
Stark gemacht.

Vertrau dem Donnerer.
Glaube an seine Wunder.
Lausche dem Donnerer,
Wie er mit deinem Herzen spricht.

Erkenne dich
In Thors Angesicht.
Erkenne dein wahres Sein
In seiner Göttlichkeit.

Lebe mit Mjölnir
Und gib nie
Auf, sondern schreite
Tapfer immer weiter!

Thors Gläubige

Söhne der Erde!
Töchter des Himmels!
Kinder der Welt!

Thor ist erschienen.
Thor hat euer Rufen erhört.

Zweifelt nicht länger.
Hadert nimmermehr.
Lebt in vollen Zügen
Und seid euch Thors gewiss.

Er wacht über den Wolken.
Er wacht in den Zeitspalten.
Er wacht auf den Schicksalswegen.

Er glaubt an euch!
Glaubt ihr an euch?

Glaubt!

Glaubt oder euer Zweifel
Wird euch euer Schicksal
Rauben!

Ehre und Ruhm!

Vertrau dem Hammer.
Vertrau dir selbst.

Folge Thors Idealen.
Folge deinem Traum.

Thor ist wahr,
So wie deine Sehnsucht
Wahr ist.

Thor ist da,
So wie du hier bist
Und nach den Sternen strebst.

Der Donnerer, der Gott mit dem Hammer, der
Blitzeschleuderer, der Unbesiegbare, der
Beschützer Midgards, der allmächtige
Donnergott.

Viele Namen, viele Ehrentitel hat Thor
errungen. Die Herrinnen des Schicksals fordern
dich auf, dir deine Ehrentitel zu erringen und
der Welt deine Größe zu beweisen.

Thors Rune

Ich spüre ihn:
Den Schutz der Rune,
Den Schutz des Donnergottes.

Ein harter Tag,
Doch die Rune
Hat mich geschützt.
Der Donnergott
Hat mich motiviert.

Eine schwere Prüfung
Durchgestanden mit
Dem Schutz der Rune,
Dem Schutz des Donnergottes.

Dunkle Jahre
Durchgestanden und überlebt
Durch den Schutz der Rune,
Durch den Schutz des Donnergottes.

Thurisaz

Thurisaz
Kündet von Härten.
Thor mahnt mich
Meine Stärken
Zu nutzen.

Thurisaz
Glänzt als Dorn
Und erzählt
Von Odins Zorn
Gegen Midgards Feinde.

Thurisaz
Ist spitz und
Begegnet den Gefahren
Mit Humor und Witz.

Thurisaz
Die Macht
Der Wachsamen.
Thurisaz
Die Kraft
Der Achtsamen.

Thurisaz!
Thurisaz!
Thurisaz!

Tagesrune Thurisaz

Thurisz, die Rune fällt
Und verkündet meine
Tagesqualität.
Ich seh mich,
Wie ich mich
Der Herausforderung stell'
Und mutig vorwärts geh.

Thurisaz, seit alter Zeit,
Verkündet den Mut,
Sich dem Unheil
Bereitwillig zu stellen
Und befreit für mein
Recht zu kämpfen.

Thurisaz, der spitze Dorn
Ist heute mein Ansporn
Alles zu geben,
Dem Zorn zu widerstehen
Und am Ende
Zu siegen!

Steige auf!

Dein Weg
Wird von ihm
Gesehen.

Dein Leben
Wird er erhöhen,
Wenn du seine Tugenden
Lebst!

Er ist der Thor.
Er ist der Gott.
Er ist der Gott,
Der dich beschützt,
Indem er dir Werte gibt.

Heldenmut oder
Heldinnenmut -
Vergiss das.
Es zählt nicht Geschlecht, Geld oder Ethnie!
Es zählt nur dein Mut, dein Schneid und
Deine Tugendhaftigkeit!

Sonniger Thor

Sein Ruf
Verändert die Welt.
Sein Mut
Macht ihn zum Held.

Thors Weg
Ist wichtig.
Sein Leben
Ist abenteuerlich.

Er rettet
Die Erde
Und bechert
Gebraute Gerste.

Sein Weib
Ist wunderschön
Und bereit
Zu betören.

Sein Ruf ist groß
Unter Menschen.
Sie sind nie schutzlos,
Denn Thor wird
Für sie kämpfen.

Wilder Schild

Mut gebiert
Unseren Sieg.

Tropfen des Hoffens
Lassen uns weiter
Malochen.

Nornische Samen
Erzeugen die größten
Heldentaten.

Thors Zeichen
Lassen uns weiter
Schreiten.

Odins Ruf
Erschuf und groovt.

Für immer mit Thor
Steigen wir empor.

Held gesucht!

Die Welt steht am Abgrund.
Kälte, Tod und Hunger
Greifen nach den Lebenden.
Mehr denn je brauchen wir Helden.

Nehmt Thor in euch.
Nehmt Thor in euer Herz.
Nehmt Thors Vorbild
Und tut etwas zur Rettung
Der Welt.

Ja, ihr seid die Helden,
Die diese Welt braucht.
Verschwendet euer Leben nicht!
Helden werden nicht in Kneipen,
Vorm Fernseher oder beim Surfen
Im Internet geboren!
Nein, so werdet ihr keine Helden!
Gebt das auf! Gebt das auf!
Und nehmt die wahren Prüfungen an!

Thors Zukunft

Die Rune fällt.
Das Orakel weist
Und kündet von Leid.

Seherin sprich,
Was geschieht
Im Zukunftslicht?

Was sieht Thor,
Wenn er mit
Den Runen spricht?
Zeigen sie ihm alles,
Was geschieht?

Er sieht viel
Und doch kann
Er verlieren.
Denn auch für Thor
Sind unergründlich
Der Nornen Fäden.

Göttliche Attribute

Thors Blitze
Zwischen den
Schießschlitzen.

Thors Hammer
Beendet alles
Gejammer.

Thors Handschuhe
Sind eine
Eiserne Truhe.

Thors Weib
Ist sein
Größter Preis.

Thors Vater
Ist Asgards
Erhabenster.

Und Thors Herz
Ist jeden Heldenmut
Wert:
Also streng dich an!

Glaub an Thor!

Tage werden zu Jahren.
Dunkle Stunden ziehen sich endlos hin.
Kummer und Sorgen wachsen zu Bergen.
Kein Ausweg ist in Sicht.

Kann dich der Glaube retten?
Kann der richtige Glaube
Dich zum Sieg führen?

An Thor zu glauben,
Heißt an seine Tugenden zu glauben.
An Thor zu glauben,
Heißt auf die innere Stärke zu vertrauen.
An Thor zu glauben,
Beinhaltet den Drang niemals aufzugeben.
An Thor zu glauben,
Heißt ohne Pause zu trainieren!

Tapfer

In der einen Hand mein Herz.
In der anderen meine Zukunft.

Gott, du hast mich stark gemacht.
Gott, du hast mich hierher geführt.

Ich allein, ja und doch nein.
Ihr bei mir, seht wie ich
Mich entwickle.

Die Qual der Wahl:
Der Weg des Tapferen.

Himmelsgötter.
Erdgötter.
Liebesgöttinnen.
Symbole. Idole.
Euch strebe ich nach
Und opfer euch
All meine Tatkraft!

Er in mir

Beim Training spüre
Ich Thor in mir.
Bei jedem Degenhieb.
Bei jedem Faustschlag.
Bei jedem Bolzenschuss.

Seine animalische Kraft.
Sein grenzenloser Mut.
Seine unbezwingbare Stärke.

Er lebt in mir
Als mein Ideal.
Er wirkt in mir
Als großes Vorbild.

Er rettet Midgard.
Er rettete Asgard.
Er rettet mich,
Indem er mein Vorbild ist.

Retter

Rettet uns Thor,
Wenn die Erde brennt?

Rettet uns Thor,
Wenn die Erde bebt?

Rettet uns Thor,
Wenn die Stürme tosen?

Rettet uns Thor,
Wenn der Himmel weint?

Er, der Herr
Des Donners,
Legt in jedes Herz,
Auch deins,
Die Kraft
Alles zu schaffen!

Wir müssen
Nur aufwachen
Und ihm folgen.

Gestählter Norden

Am Boxsack trainiert
Und der Götter gedacht.
Mit dem Säbel trainiert
Und Mut gesammelt.
Schießen trainiert
Und an Thor gedacht.

Ich trainiere
Für den Schutz
Meiner Familie!
Wofür trainierst du?

Ich bin kein
Schlechter Mensch,
Aber das ist eine harte Welt.
Ich bin kein Held,
Aber muss es werden!
In Thors Namen
Um meinem Land
Und meinem Volk
Im Notfall dienen
Zu können.

O Asgard
Schule mich.
O Thor
Lehre mich.
O Odin
Führe mich!

Tugendthor

Schreite mutig voran.
Sieh niemals zurück.
Wenn du etwas brauchst,
Dass dich stützt,
Dann sieh zum Himmel rauf
Und stell dir Thor vor.

Er der Held Midgards
Rettete so oft die Welt.
Er der mutige Ase
Rettete so oft Asgard.

Sei er dir Symbol
Oder größtes Idol,
Das ist egal.
Lerne einfach von ihm!
Lerne seinen Mut.
Lerne seine Weisheit.
Lerne jede von Thors
Tugenden!

Thorig

Leben mit Thor.
Segen von Thor.
Atme Thors Namen.
Empfange seine Gaben.

Spüre Thors Mut.
Er tut Midgard gut.
Sif liebt ihren Gott
Und hat ihn nachts gerockt.

Odin ist stolz,
Denn Thor ist Gold.
Thor unser Held
Rettet die Welt.
Er wird bei uns sein
Und uns befreien.

Vergangheitsthor

In deinen Blutbahnen
Pocht der Lebenssaft.
Dein Blut verbindet dich
Mit allen Ahnen.

Erinnere dich!
Finde dich!
Erinnere dich
Und finde dich
In deinen Ahnen.

Thor war bei ihnen.
Thor war mit ihnen.
Mit Thor reiften sie.
In Thors Namen kämpften
Sie für ihr Recht,
Für ihren Sieg und
Damit du und
Alle ihre Kinder
Alles kriegen.

Thor ist das Glied,
Welches dich mit
Deinem Ahnen verbindet.

Finde Thor in dir:
Erinnere dich!

Symbole

Blitze zucken am Himmel
Und Donner grollen in der Ferne.
Es ist nicht Thor
Und doch sein Symbol.

Ist Thor auch nicht
Der Blitz, der am Himmel blitzt,
Ist es doch sein Symbol.
Frage dich warum und
Wofür es steht!

Ist Thor auch nicht
Der Donner, der am Himmel grollt.
Ist er doch sein Symbol.
Frage dich warum und
Wofür es steht!

Hell leuchtet der Himmel
Unter den Blitzen.
Grell schlägt der Blitz
Auf den Boden ein.
Die Wolken krachen laut
Wie die himmlische Urgewalt.

Finde ihn!

Treue
Ohne Reue!

Mut,
Der wirklich Gutes
Erschuf.

Der Blick zurück
Und der Blick nach vorn
In diesem Augenblick.

Thor ist ein Symbol,
Welches mit den Sternen
Spricht.

Atme
Den göttlichen Odem.
Erstrahle
Unter magischen Blitzen.
Finde
Deinen Schicksalsweg!

Führe uns ins Licht!

Sein Herz
Befreit dich
Vom Schmerz.

Sein Ruf
Erweckt
Deinen Mut.

Nenn ihn Thor
Oder wie immer
Du willst.
Doch zweifel
Niemals mehr
An seiner
Wahrhaftigkeit.

Seine Härte
Lehrt dich
Stärke.

Und seine Disziplin
Wird dich aus
Jeder Not führen.

Symbol des Nordens

Thors Hammer.
Symbol des Nordens.

Thors Mut.
Idol der Männer.

Thors roter Bart.
Macht des Feuers.

Thors Stärke
Befreit die Weiblichkeit.

Thors Männer
Kämpfen wild.

Thors Ehe
Hat die Lust gestillt.

Der Norden steht
Eisern mit Thor.

Der Norden webt
Das unbesiegbare Netz.

Götter

Der Gott in den Wolken
Ist der Gott im Herzen.

Der Gott in den Bäumen
Lässt die Blätter singen
Und reift in den Stämmen
Der Verbundenheit.

Der Gott des Donners
Schlägt mit aller Kraft
Und macht uns wach,
Damit wir unser Schicksal
Ergreifen.

Der Gott der Meere
Sendet schwimmende Heere.
Ein Blick ins Wasserreich
Beendet unser Leid.

Dann ist da der Gott
Des Feuers.
Er besiegt die Ungeheuer
Und wärmt uns mit Liebe.

Freund Thor

Glück auf
Freunde.
Glück auf
Thor.

Mit mir
Meine Freunde.
Mit mir
Mein Thor.

Verloren ohne euch
Freunde.
Verloren ohne dich
Thor.

Grüße euch
Freunde.
Grüße dich
Thor.

Mit euch bis zum Ende
Freunde.
Mit dir bis zum Ende
Thor!

Asische Gaben

Leben
Im Geiste der Asen
Und alle Wege
Mit ihrem Mut wagen.

Streben
Im Geiste Thors
Und singen
In seinem Jünger Chor.

Träumen
Von Wallhallas Stätte.
Schäumen
Über fiese Konflikte.

Sehen
Hinauf zu den Göttern.
Leben
Mit den Selbstschöpfern.

Weben
Der Nornen.
Streben
Nach Norden.

Wahre Treue

Das Weib zeigt
Mir, es ist für mich bereit.
Doch ich bin vergeben
Auf nordischen Wegen
Und lebe den Treueschwur.

Denn wie bei meinem Weib
Bin ich bereit,
Den Göttern
Treue zu halten.

Denn nur
Der wahre Treueschwur
Führt mich heim
Ins Asenheim.
Nur so kann ich mich laben
Neben Thor
An Valhallas Gaben.

Vaters Sohn

Mit Stolz blickt der Wode
Auf seinen Sohn.
Mit Ehre ruft er
Thors Namen.

Wie der Vater
So der Sohn
Sagt der Volksmund.

Donnerer.
Herr des Hammers.
Retter Midgards.
Liebling der Frauen.

Ein Gott
Groß wie ein Baum.
Ein Gott
Stark wie ein Bär.
Ein Gott
Brüllt wie ein Löwe.
Ein Gott
Sozial wie ein Wolf.

Er ist der Gott des Nordens.

Glücklicher Thor

Finde Frieden
In Thor
Und steige empor.

Finde Glück
In Thor
Und zauber
Dein Lächeln hervor.

Mit Thor zu gehen,
Führt in ein
Glückliches Leben.

Mit Thor zu sein,
Wird dich von aller
Pein befreien.

Thor ist Glück und Frieden,
Denn Thor wird alle Feinde
Midgards besiegen!

Asenborn

Im Schatten der Asen
Wachse ich.
Im Schutz der Asen
Schild, stelle ich
Mich meinen Feinden.

Zahlreich
Sind die Gegner.
Grenzenlos
Ist die Macht Asgards.

Ohne Zweifel schreite
Ich neben Thor.
Ohne Angst wandle
Ich mit den Asen.

Sie sind bei mir.
Sie sind in mir.
Sie sind mit mir.

Heidnisches Reich

Träume allein
In der Masse.
Heide allein
In der Masse.

Ich glaube!
Glaube an Thor,
Odin und Loki.
Ich glaube an
Die Asen und Wanen.
Göttinnen und Götter.

Allein in der Stadt.
Meine Glaube ist.
Allein in der Welt.
Mein Glaube schützt.

Allein unter ihnen,
Aber niemals allein
Im heidnischen Reich.

Thors Norden

Der Norden lebt
Im Geiste Odins.
Der Himmel erbebt
Unter Thors Hammer.

Junge Frauen
Tragen Sifs Namen
Und brauen
Die alten Hexensprüche.

Junge Männer
Trainieren ohne Pause,
Um wie der Hammer
Thors zu werden.

Der Norden lebt
Mit neuem Mut.
Im Norden entsteht
Der neue Schicksalsgruß.

Vater und Sohn

Odins Sohn.
Ein Titel der Größe.
Geerbter Lohn.
Wahre Würde.

Odins Kind
Stattlich und schön,
Welches mutig ist
Und die Welt versöhnt.

Der stolze Vater
Mit gestählter Brust.
Ewiger Erretter
Mit grenzenloser Lust.

Familienbande
Im Himmelsreich.
Unvergangen und
Weit gereist.

Der Sohn voll stolz,
Um des Vaters Vorbild
Mit magischem Gold
Nachzueifern.

Valhalle

Thor
Hör!

Thor
Sieh!

Sieh mich
Und lausche meinen Worten.

Ich schwöre dir den Mut,
Die Weisheit und den Tatendrang,
Um Gutes zu tun.

Asgard!

Höret!
Asen seht!
Ich will mir den Platz in euren Reihen
verdienen!

Schicksalskinder

Thor lebt
In dir,
Sowie die Nornen weben
Deinen Schicksalsweg.

Gehst du oder
Gehst du nicht
Deinen Schicksalsweg?

Es liegt in dir!
Es liegt an dir!
Es liegt bei dir!

Du bist der Schmied
Deines Schicksals.
Du bist die Herrin
Deines Weges.

Geh und es wird zäh,
Aber mit Stolz
Wirst du auf dein Leben
Zurückbleiben.

Geh und es wird hart,
Doch mit jedem Tag
Auf dem Schicksalspfad
Näherst du dich
Deinem größten Glück!

Endlich!

Thors Jünger
Werden jünger.
Thors Heer
Wird immer mehr.

Thors Ruf
Klingt immer gut.
Thors Kraft
Besitzt Macht.

Thors Name
Verleiht die Gabe.
Thors Wille
Teilt die Stille.

Thors Hammer
Beendet alles Gejammer.
Denn Thor ist der Held
Der ganzen Welt.

Mutter Natur

Kalter Wind.
Leichter Regen.
Das Gefühl des Nordens.

Schnee kündigt sich an.
Januartage.

Die Heutigen fragen:
Wo sind die Götter?
Die Heutigen zweifeln
An der Magie.

Glaube gebiert
Aus Erkennen.
Doch sie sehen
Nicht mehr Mutter Natur,
Wie sie wirklich ist
Und deshalb zweifeln sie.

Lauscht dem Donner
Und glaubt an die Magie
Von Mutter Natur!

Nauthiz

Auch Thor folgte seinem Schicksal.
Auch er hatte die Qual der Wahl.

Wähle mit Nauthiz,
Zeige Biss und stich
Mit Mut in die See
Des Schicksals.

Thors Weg
Durch Nauthiz geebnet.
Thors Leben
Vom Schicksal gesegnet.

Der Donnerer erlebte die Not Nauthiz,
Doch er wuchs mit jeder Aufgabe,
Die ihm das Schicksal stellte.

Thors Wort

Finde Thors Hort
In jedem magischen Wort.

Lebe Thors Weg,
Indem du überlebst.

Trage Thors Erbe
Über die ganze Erde.

Sprich Thors Namen
Durch mutige Taten.

Erwidere Thors Ruf,
Indem du Gutes tust!

Der helle Blitz

Wieder durchzuckt ein greller Blitz die Nacht. Dunkle Wolken hängen über der Welt und hart prasselt der Regen auf die nackte Erde.

Aus zahllosen Fenstern blicken die neugierigen Augen zahlloser Menschen. In ihren Herzen erwacht die Wahrheit Thors.

Blitze zucken und Köpfe nicken. Sie erkennen Thors Ruf. Sie akzeptieren ihren Mut.

Mag er in den Herzen der Menschenkinder noch leise flüstern. Was zählt ist, dass er erwacht ist. Es ist der Mut, der sie zu Helden und Heldinnen macht.

Ein Gott unter vielen

Ein Gott.
Viele Götter.
Einer unter
Vielen.

Nur ein Thor,
Nur ein Donnerer
Wird gebraucht,
Um das Nordland
Zu schützen.

Nur Thor.
Nur der Donnerer
Wird gebraucht,
Um uns zu
Führen.

Ein Gott
Unter vielen.
Einen Gott
Will das Nordland lieben
Und dann den ganzen Rest.

Liebt die Göttinnen auch
Und haltet sie fest!

Immer weiter Freunde!

Sieh Thor
Im Himmel.
Fühle Thor
Im Herzen.

Lass dich von Thor
Beflügeln.
Werde mit Thor
Zum Gipfelstürmer.

Folge Thor
Als tapfere Walküre.
Lebe mit Thor
Mutig und frei.

Strebe mit Thor
Zu deinem Maximum!

Mein Trainingsbruder

Blutige Striemen.
Blasen unter der Haut.
Blaue Flecken.
Beschädigte Haut.
Zeichen meines Trainings.

Oh höret!
In stundenlangem Training
Sah ich mystische Erscheinungen
Und rief Odins Namen.

Auch Thor trainiert.
Thor trainiert hart.
Thor trainiert härter.
Thor trainiert, um immer
Besser und besser zu werden.
Ich will trainieren wie Thor
Ohne Ende bis zum
Letzten Atemzug.

Übt länger? Übt härter!

Lange Stunden
Des Trainings.
Unumwunden
Trainieren.

Ausdauernd üben
Und sich beflügeln,
Als ob ich ein
Ase sei.

Thor ist mein Held
Und ich beweise der Welt,
Welche Stärke
In uns Nordischen steckt.

Odin ist mein Vorbild
Und ihm gilt mein Streben
Und der Schwur, uns
Menschen über uns
Hinaus zu erheben!

Bittgebet

Thor
Gib mir
Kraft fürs Training.

Thor
Gib mir
Ausdauer.

Thor
Stärke meinen
Körper.

Thor
Sei mein
Innerer Antrieb.

Thor
Gib mir
Den Willen
Niemals aufzugeben!

Im Geiste der Asen

Ja,
Ich bin geschlagen,
Besiegt und habe
Verloren.

Doch meinen Kopf
Steck ich nicht in den Sand.
Ich sehe rauf zu Thor.
Ich stelle mir die Asen vor.

In ihrem Geiste
Will ich mich erheben.
In ihrem Geiste will ich
Vorwärts streben.
In ihrem Geiste
Nehme ich
Die Herausforderung an.

Der Tag wird kommen
Für eine zweite Chance
Und dann werde ich
Mit dem Geiste des Asen
Triumphieren!

Freiheit

Freiheit
Befreit
Von Leid.
Thor führe
Mich endlich
In die Freiheit!

Ich will dir
Folgen bis zur Freiheit!
Ich will dir
Dienen bis zur Freiheit!
Ich glaube dir,
Dass du uns
In die Freiheit führst!

Freies Heim
In Asenheim.
Freies Sein
In Wanaheim.
Frei bleiben
Mit Thor!

Schrei!

Schrei!
Schrei dich frei!
Lass es raus.
Befrei dein
Inneres Haus.

Lass Thor,
Lass Odin,
Tyr, Loki und Heimdallr
Dir Kraft verleihen,
Um dich lauthals frei
Zu schreien.

Manchmal muss es raus.
Manchmal platzt es raus.
Na und!
Wir sind keine Maschinen.
Wir sind Nordmenschen
Mit Herzblut!

Nächtliche Stürme

Der Donner schreckt mich auf. Es ist Nacht und ich bin allein. Der Wind peitscht gegen das Fenster und dunkle Gedanken hüllen mich ein. Draußen ist es pechschwarz. Dunkle, schwere Gewitterwolken verbergen den Mond und die Sterne. Allein die Dunkelheit spendet noch Licht. Allein die Blitze geben mir Geborgenheit. Donner grollen nach jedem Blitz. Ich zähle die Sekunden zwischen ihnen. Jetzt kommen sie fast gleichzeitig und lassen mich für einen Moment erstarren: Der Donnergott ist direkt über mir.

Er kommt, um mich zu lehren. Ich gedenke, ihn zu ehren. Er der Gott alter Ahnen. Ich das Kind, das ihre Kindeskinder getragen. Die kalten, schmerzenden Gedanken weichen, weil seine Magie mich erreicht. Die Angst verfliegt, denn er steht für den Sieg. Seine Macht zeigt mir der Donner und mein Herz wird bei ihm bleiben und deshalb von nun an in jedem Lebenssturm

Stärke zeigen!

Ehret Thor

Ihm zu Ehren
Wollen wir streben.
Ihm zu Ehren
Wollen wir uns
Kämpfend gegen
Jeden Diktator erheben.

Er steht für Freiheit
Und Gerechtigkeit.
Er steht für Mut
Und Heldentum.
Er steht dafür,
Sein Leben zum Schutz
Für andere zu führen.

Ihm zu Ehren
Wollen wir geben.
Ihm zu Ehren
Wollen wir unsere Leben
Dem Schutz der
Anderen geben.

Trommeln

Ein Trommelschlag gewidmet
Thor.

Ein weiterer für seinen Vater
Odin.

Ein Trommelschlag für
Sif und alle Göttinnen.

Ein Trommelschlag zu Ehren
Ganz Yggdrasils.

Hört die Trommeln Brüder und Schwestern des
Nordens. Hört die Trommeln all ihr, die ihr
Kinder meines Volkes seid. Hört die Trommeln
und versteht ihren Klang. Versteht die Botschaft
der Asen!

Sie rufen euch! Sie rufen nach eurer Kraft, eurer
Weisheit und eurem Mut. Sie rufen nach eurem
niemals endenden Tatendrang für das heilige
Nordland!

Strebt höher

Thors Mut
Sei uns Vorbild.
Thors Stärke
Unser Ideal.

Thor ist,
Was wir sein
Könnten.

Lasst uns
Dem Pfad der Asen
Folgen:
Lasst uns zu Helden
Werden.

Thor ist ein Symbol.
Aber nicht unerreichbar;
Denn in jedem Mensch
Steckt ein Held.
Entfesselt ihn!

Du wirst gebraucht!

Ich brauche dich Thor,
Um in den dunklen Stunden
Zu dir aufzusehen und
Deinem Vorbild zu folgen.

Wir brauchen dich Thor,
Um in der harten Zeit
Unsere Hoffnung nicht
Zu verlieren.

Der Norden braucht dich Thor,
Um im kalten Winter
Die Stärke im Herzen
Zu behalten.

Die Erde braucht dich Thor,
Um den riesischen Mächten
Widerstand entgegen
Zu setzen.

Chancen, Träume, Schicksale!

Wenn das Schicksal nach dir greift …

Wenn der Donner und die Blitze am Himmel
Nach dir rufen ….

Wenn dir Thor im Traum erscheint …

… dann folge dem Schicksalsruf!

… folge den Zeichen!

Wie oft glaubst du, wird in diesem Leben das
Schicksal an deine Tür klopfen? Wie oft glaubst
du, wirst du die Chance bekommen, etwas
wirklich legendäres zu tun? Wie oft glaubst du,
wird es möglich sein, deinen Traum zu leben?

Die Chance wird kommen! Dein Traum wird
greifbar werden! Das Schicksal wird dich rufen!

Sei bereit!
Sei bereit!
Sei bereit!

Tugendhafte

Folge Thor,
Wenn dein Ende naht.
Er hebt dich empor
In seine Welt.

Greife zu
Im Heldentod
Und trink in
Valhallas Stätte.

Mut.
Kühnheit.
Schneid.

Weisheit.
Sei intelligent
Und sei kampfbereit.

Lebe mutig! Lebe stark!
Bereue nicht,
Wenn du von dieser Welt gehst,
Indem du ein tugendhaftes Leben lebst!

Wegweiser

Der Donner ist ein Zeichen:
Lass dich von ihm leiten.
Thors Zeichen!

Manche kommen von innen.
Manche erscheinen außen.
Lausche dem Wind
Und lerne zu gewinnen.
Lausche dem Rauschen
Der Bäume und
Erfülle dir deine Träume.

Der Blitz ist ein Symbol
Für unser Idol.

Auch ein Geistesblitz
Wird von Thor geschickt.
Lausche und vertraue
Und glaube!

einziger Unterstützer

Mit Thor
Aber ohne Menschen

Mit Thor strebe ich,
Verlassen von den Menschen

Mit Thor kämpfen
Ohne Unterstützung der Menschen

Mit Thor wachse ich
Unabhängig von den Menschen

Mit Thor lebe ich
Einsam unter Menschen

Thor danke ich,
Dass er bei mir ist;
Allein bin ich
Unter Menschen

Klabautermann

Tage des Donners.

Der Ozean spielt sein Spiel
Und treibt die Boote.
Kiel.

Blitzende Segel.

An Bug.
Luv und Lee.
Alte Knoten.
Seemannsgarn.

Thors Sturm.

Wilder Wind.
Magisches Kind.
Unbekannte Tiefen.
Und Meeresungeheuer.

Thorbrücke

Thor lebt
In mir
Und dir.

Er lebt
Mehr in unseren Taten
Als im blinden Glauben.

Thor lebt
Und erhebt
Den Norden
Ins goldene
Sonnenlicht.

Thor
Erhebe
Dich!

Thor
Belebe
Mich.

Geschworen
Dem Vorbild Thors
Zu folgen!

Wind und Sonnenschein

Tage wie diese
An denen alles
Sich im Schneckentempo
Fortbewegt.

Tage wie diese
An denen es sich
Anfühlt, als ob
Jeden Moment
Ein Abenteuer beginnt.

Tage wie diese
An denen die
Erdgöttin weint.

Tage wie diese
Am denen das Glück
Der anderen das
Wichtigste ist.

Tage wie diese
An denen Donner
Die Welt erschrecken
Und Thor sich freut
Über alle Jecken.

Dein Bild

Du findest dich nicht
In deinem Spiegelbild.
Du findest dich in dem Bild,
Welches der Freund von dir
In sich trägt.

Thor erinnert sich an dich
Und er glaubt an dich!
Thor ist das Himmelslicht,
Das vom Himmel sticht.

Der Himmelsgott führt dich
Mit seinem Licht.
Glaube an dich und
Nimm sein Vorbild
In dich auf:
Denn Thor ist ein Gott
Zum Vertrauen!

Glaube an dich!

In der dunklen Stund
Findest du neuen Mut,
Wenn du Thor erlaubst,
Dein Herz zu berühren.

In der schweren Zeit
Überstehst du das Leid,
Wenn du Thor gedenkst
Und wie er kämpfst.

In den finalen Augenblicken
Wird dir alles glücken,
Wenn du auf Thor vertraust
Und an dich glaubst.

In diesem Leben
Wirst du alles bestehen,
Wenn du wie Thor
Strebst immer weiter empor.

Nordthor

Der Norden ist stark
Und unbesiegbar.

Der Norden folgt Thor
Und sticht mutig hervor.

Im Norden die Menschen
Wissen für ihr Recht
Zu kämpfen.

Im Norden die Männer
Sind keine Lämmer.

Im Norden den Frauen
Kannst du vertrauen
Und mit ihnen eine
Sichere Zukunft aufbauen.

Des Nordens Kinder
Sind Finder
Des größten Schicksals.

Kämpfe bis zum Schluss!

Am Ende tut Mut gut.
Doch zuerst:
Folge dem Schicksalsruf!

Am Ende wirst du lächeln.
Doch zuerst:
Musst du dein Recht erkämpfen.

Am Ende wirst du triumphieren.
Doch zuerst:
Musst du siegen.

Am Ende wirst du glücklich sein.
Doch zuerst:
Musst du dein Schicksal ergreifen.

Am Ende wirst du alles erreichen
Und Thor wird dich
Auf diesem Weg begleiten.

Über den Autor:

Niemand mehr sieht in Blitz und Donner die magischen Zeichen. Sie alle halten die Hallen der Götter für ein Niemandsland und glauben die legendären Stätten von Göttern wie Thor sind nirgendwo.